Feutry   Recueil de poésies
fugitives

RECUEIL

DE

POÉSIES

FUGITIVES,

Par M. FEUTRY.

Amant otia Musæ;

Otia vix habui.

A RENNES,

Chez NICOLAS - PAUL VATAR,
Imprimeur-Libraire, Rue Royale.

M. DCC. LX.

ON m'a demandé dans cette Province tant de copies de la plûpart de ces petites Piéces, qui se trouvent éparses dans différens Ouvrages, que je me suis déterminé à les réünir. J'ai observé de ne rassembler que celles qui sont à peu près de même genre, & qui ont eu quelque succès. J'ose assurer que ce n'est point un de ces prétextes ordinaires aux Auteurs qui croient étendre leur gloriole en multipliant leurs éditions. Je pourrois prendre beaucoup de monde à témoin de ce que j'avance, s'il s'agissoit d'un fait moins frivole ; mais comme il est possible que quelques exemplaires de ce très-petit Recueil parviennent jusqu'à Paris, j'ai cru devoir marquer l'à propos de sa publication.

TABLE.

LES
TOMBEAUX,
POËME.

Difcendum eft mori, cùm mori neceffe eft.

AU pied de ces côteaux, où, loin du bruit des Cours,

Sans crainte, fans défirs, je coule d'heureux jours,

Où des vaines grandeurs je connois le menfonge,

Où tout, jufqu'à la vie, à mes yeux eft un fonge,

S'éleve un édifice, afyle de mortels

Aux larmes dévoués, confacrés aux Autels.

Une épaisse forêt, de la demeure sainte,

Aux profanes regards cache l'austére enceinte ;

L'aspect de ce séjour sombre, majestueux,

Suspend des passions le choc impétueux,

Et portant dans nos cœurs une atteinte profonde,

Il y peint le néant des plaisirs de ce monde.

     Leur Temple vaste, simple, & des tems respecté,

Inspire la terreur par son obscurité ;

Là, cent Tombeaux, pareils aux Livres des Prophétes,

Sont des loix de la Mort les tristes Interprétes.

Ces marbres éloquens, monumens de l'orgueil,

Ne renferment, ainsi que le plus vil cercueil,

Qu'une froide poussiere, autrefois animée,

Et qu'enyvroit sans cesse une vaine fumée.

De ces lieux sont bannis l'ambition, l'espoir,

La dûre servitude & l'odieux pouvoir ;

Là, d'un repos égal jouissent l'opulence,

La pauvreté, le rang, le sçavoir, l'ignorance.

Orgueilleux ! . . . c'est ici que la Mort vous attend ;

Connoiſſez-vous . . . peut-être il n'eſt pluſqu'un inſtant :
Cœurs foibles ! qui craignez ſon trait inévitable ,
Oſez voir , ſans frémir , ce ſéjour redoutable ,
Parcourez ces Tombeaux , venez , ſuivez mes pas ;
Et préparez vos yeux aux horreurs du trépas.

Quel eſt ce monument dont la blancheur extrême
De la tendre innocence eſt ſans doute l'emblême ?
C'eſt celui d'un enfant qu'un deſtin fortuné
Enleva de ce monde auſſi-tôt qu'il fut né.
Il goûta ſeulement la coupe de la vie ;
Mais ſentant ſa liqueur d'amertume ſuivie ,
Il détourna la tête , & regardant les Cieux ,
A l'inſtant pour toujours il referma les yeux.
Mere ! ſéche tes pleurs , cet enfant dans la gloire
Jouira ſans combats des fruits de la victoire.

Ici ſont renfermés l'eſpoir & la douceur
D'un pere qui gémit ſous le poids du malheur.
Il demande ſon fils, l'apui de ſa vieilleſſe ,
L'unique rejetton de ſa haute nobleſſe ;

Il le demande envain : l'impitoyable mort

Au midi de ses jours a terminé son sort.

Sa couche nuptiale étoit déja parée ;

A marcher aux Autels l'Amante préparée

Attendoit son Amant pour lui donner sa foi ;

Mais la Fête se change en funébre Convoi.

Calme toi, jeûne Elvire ! insensible à tes larmes ;

Dans les bras de la Mort, Iphis brave tes charmes.

   Quels sont les attributs de cet autre Tombeau ?

Dans un ruisseau de pleurs l'Amour plonge un flambeau.

On voit à ses côtés les graces gémissantes

Baisser un triste front, & des mains languissantes :

La Jeunesse éplorée, & les Jeux éperdus

Semblent encor chercher la beauté qui n'est plus.

Quelle main oseroit en tracer la peinture ?

Hortense fut, hélas ! l'orgueil de la Nature ;

Mais de cette beauté, fiere de ses attraits,

Osons ouvrir la Tombe & contempler les traits.

O Ciel !.. de tant d'éclat... quel changement funeste !

Une masse putride est tout ce qui lui reste.

Vous frémissez . . . ainsi nos corps, dans ce séjour,

D'infectes dévorans feront couverts un jour.

Hommes vains & distraits ! quelle trace sensible,

Laisse dans vos esprits ce spectacle terrible ?

La même, hélas ! qu'empreint le dard qui fend les airs,

Ou le Vaisseau leger qui sillonne les mers.

  Des Sépulchres des Grands voici la sombre entrée.

De quelle horreur votre ame est-elle pénétrée ?

Tout est tranquille ici : suivons ces pâles feux ;

Le silence & la mort regnent seuls en ces lieux :

La Terreur qui les suit, errante sous ces voûtes,

Ne peut nous en cacher les ténébreuses routes ;

Descendons, parcourons ces Tombeaux souterains,

Où, séparés encor du reste des humains ;

Ces Grands, dont le vulgaire adoroit l'existence,

Ont voulu conserver leur triste préféance.

De l'humaine grandeur pitoyables débris !

Eh ! que sont devenus ces superbes lambris ;

Ces plaiſirs, ces honneurs, ces immenſes richeſſes,
Ces hommages profonds . . . ou plutôt ces baſſeſſes ?
Grands ! votre éclat, ſemblable à ces feux de la nuit,
Brille un moment, nous trompe, & ſoudain ſe détruit.

A l'obſcure clarté de ces lampes funébres,
Sur ces marbres inſcrits voyons leurs noms célébres,
Liſons : *ci gît le grand*. . . . . . briſez-vous impoſteurs,
Eh ! quoi des os en poudre ont encor des flateurs ?
Je l'ai vû de trop près : dédaigneux & bizarre,
Il fut à la fois haut, rampant, prodigue, avare,
Sans vertus, ſans talens, & dévoré d'ennui,
Il cherchoit le plaiſir qui fuioit loin de lui.
De cet autre, ô regrets ! l'Épitaphe eſt ſincere ;
Il fut des malheureux le protecteur, le pere ;
Affable, juſte, vrai, rempli d'humanité,
Il prévint les ſoupirs de l'humble adverſité :
La Patrie anima ſon zéle, ſon courage,
A . . . . . . d ! il eut enfin tes vertus en partage.
Des vrais grands, par ces traits, connoiſſons tout le prix,

Mais leurs Phantômes vains font dignes de mépris.

Dans ces lieux, un moment, recueille toi, mon ame !

Tombeaux ! votre éloquence, avec un trait de flamme,

A gravé dans mon cœur le néant des plaifirs ;

Ceſſons donc ici bas de fixer nos defirs,

Tout n'eſt qu'illufion, d'illufions fuivie,

Et ce n'eſt qu'à la mort où commence la vie.

LE TEMPLE

DE

LA MORT,

POËME. *

Discite justitiam moniti & non temnere divos. Virg. Æneid. L. VI.

LA Nuit sur les mortels répandoit ses Pavots,

Et je m'abandonnois aux douceurs du repos ;

Quand soudain, dans l'horreur d'un songe épouvantable,

(Dieux ! j'en frémis encore) une voix lamentable

Vient porter par ses cris la terreur dans mes sens ;

L'air retentit au loin de funébres accéns.

* Ce Poëme n'a rien de commun, avec l'ancien *Temple de la mort*, que le titre seul. On peut prendre, je crois, un sujet déja traité quand on le présente sous un autre point de vuë.

Je cherche cette voix: ô fpeċtacle terrible!

Dans un champ dévaſté je vois un fpeċtre horrible.

Il marche en fecoüant de lugubres flambeaux,

Et me femble fortir d'entre mille tombeaux.

De Mânes entourée & de fang degoutante,

Cette Ombre à pas tardifs s'avance & m'épouvante;

Je veux fuir, vains efforts! je me fens, par l'effroi,

Vers ces tombeaux affreux entraîner malgré moi.

Dans fes yeux prefqu'éteints je vois encor la rage;

Toutefois rappellant un refte de courage,

Arrête! . . . quel es-tu? Lui dis-je avec tranfport...

Vois la Corruption, Miniſtre de la Mort,

Répondit-elle, viens, fuis moi, viens & contemple.

Je conduirai tes pas jufqu'au fond de fon Temple,

Tu verras fon féjour, fes Prêtres, fes Autels,

Et tu pourras les peindre aux malheureux mortels,

  Elle dit: à l'inſtant m'enlevant dans les nuës,

Ce Phantôme s'ouvrit des routes inconnuës;

Et fur un Monſtre aîlé traverfant l'Univers,

Dans fa courfe rapide il infectoit les airs.

Que vois-je ! . . . . fous nos pas, les Plantes deffechées

Sont par un fouffle impur fur la terre couchées,

Les Animaux plaintifs font gémir les forêts ;

Les Reptiles brûlans tariffent les marais.

Déja ce feu mortel ravage les familles ;

Les meres vont périr fur les corps de leurs filles ;

Les vieillards expirans, les enfans éperdus,

Dans la nuit du tombeau defcendent confondus.

D'un Aftre enfanglanté les feux pâles & fombres,

Découvrent à mes yeux la demeure des Ombres.

Vers ce féjour fatal, un fleuve tortueux

Roule dans un defert fes flots tumultueux ;

Il eft formé de fang, il fe groffit de larmes :

Son effroyable bruit fait naître les alarmes ;

Sur fon rivage aride on voyoit des Serpens,

Des Monftres inconnus, & des Dragons rampans :

Ils fouilloient à l'envî ces Rives fablonnées,

Pour extraire les fucs d'herbes empoifonnées ;

Et brûlant de revoir les gouffres infernaux,

Ils se replongoient tous dans ces horribles eaux.

Près de ces tristes bords, voisins du noir Tartare,

Est un Temple fameux, de structure barbare;

Le Crime en a jetté les premiers fondemens.

Sur un vaste massif d'antiques ossemens

S'éleve un double rang de colomnes informes;

Leurs frêles chapiteaux, & leurs bases difformes,

Toujours souillés du sang des victimes des Dieux,

Offrent de tous côtés un aspect odieux.

L'architrave est chargé d'affreux hiérogliphes,

Et des crânes saillans séparent les trigliphes:

Plus bas on voit regner mille créneaux obscurs,

Le Temps qui détruit tout en affermit les murs.

Aux rayons pâlissans de leurs torches funébres,

Des Spectres nous guidoient au milieu des ténébres:

Dans ce sombre Palais cent portiques ouverts

Reçoivent les mortels par des chemins divers.

Nous entrons . . . je frémis . . . un morne & long silence

De la Nuit éternelle annonce la préfence;

Une Ombre nous conduit dans ce lieu redouté;

Et me renverfe aux pieds de la Divinité.

Sur un Thrône de fer, éffroi de la nature,

L'infatiable Dieu dont elle eft la pâture,

Dérobe à mes régards, fous des voiles épais,

Ses traits, hideux fans doute, & ne parle jamais.

On voit auprès de lui fous leurs drapeaux finiftres,

La Guerre & le Düel, fes deux plus chers miniftres;

Le Tems regne au-deffus : plus loin je vis errans

Les Craintes, les Douleurs, les Soucis dévorans.

Le Dais préfente aux yeux des fléches, des épées,

Dans le fang des humains à tous momens trempées :

Indigné de ma vuë, & s'armant d'un poignard,

Un Spectre fuit & lance un farouche regard.

La Vérité févére eft au bas de ce Trône,

Son front terrible eft ceint d'une triple couronne;

Ses traits y font gravés : brillante dans les Cieux,

Obfcure parmi nous, redoutable en ces lieux.

On découvre à fes pieds l'Erreur, la Calomnie,

Le vil Déguifement, la baffe Flaterie,

Le Menfonge pervers : languiffans, abbatus,

Le Tems leur arracha le mafque des vertus.

Des tableaux éffrayans fufpendus aux murailles,

Offrent de toutes parts de fanglantes batailles ;

Dans leurs murs entr'ouverts des peuples égorgés ;

Par la fureur des eaux des pays ravagés ;

Des vaiffeaux engloutis , des villes embrafées,

Sous leurs débris fumans des femmes écrafées;

Des enfans malheureux l'un fur l'autre expirans;

Des tortures, des fers, des bourreaux, des Tyrans.

La Vérité fe leve & cherche des victimes :

Ce Juge pénétrant connoît les moindres crimes,

Et régle dans ces lieux, par d'équitables loix,

L'irrevocable fort des Pâtres & des Rois.

Les Remords, fes licteurs, l'inflexible Vengeance,

Attentifs à fa voix, exercent fa puiffance.

Mais quels triftes accens ! ... & quel bruit fouterrain ! ...

Chargé de fers, hélas! on traîne un Souverain;

Il paroît: il n'a plus cette démarche fiere,

Ces regards foudroyans ni cette voix altiere;

Ici, l'œil trifte, morne, & le front abaiffé

Il avance en tremblant fous le crime affaiffé.

» Eh quoi! tu fembles craindre un trop jufte reproche,

» Dit ce Juge éclairé, viens malheureux, approche;

» Tes yeux cherchent envain tes amis, tes flatteurs,

» De tes vices honteux lâches adulateurs:

» Pour la premiere fois tu vas fans doute aprendre

» Les dures vérités que tu craignois d'entendre.

» Ces lieux font de la mort l'éffroyable féjour,

» Tremble Nadir, (a) ton cœur va paroître au grand jour.

» Du foible Chah-Tahmas (b) l'aveugle confiance

» Te donne dans l'Empire une entiere puiffance;

» Ton pouvoir eft marqué par les plus noirs forfaits,

» Tu maffacres ton Roi pour prix de fes bienfaits,

» Tes fecrets Partifans t'offrent le Diadême,

(a) Koulikan ufurpateur de Perfe mort en 1747.
(b) Sophi détrôné par Nadir.

» Et femblent te forcer à cet honneur fuprême ;

» Tu régnes : on t'éleve en tous lieux des Autels :

» Infenfé ! tu te crois égal aux immortels.

» La moleffe & l'orgueil s'emparent de ton ame ;

» De tes plaifirs affreux l'ordonnateur infame,

» Revêtu par ton choix de ton autorité,

„ Tiran, a bien fervi tes feux, ta cruauté.

„ Pour affouvir ton cœur tout eft mis en ufage ;

„ Le glaive, le poifon, la flamme, le carnage ;

„ Sous ton fceptre de fer tes peuples gémiffans,

„ Font retentir les Cieux de leurs cris impuiffans :

„ L'innocent eft puni, le coupable refpire,

„ La veuve eft dans les fers & l'orphelin expire.

„ Par des fatrapes durs tes états font foulés ;

„ Les cités font en pleurs, & les champs défolés.

„ Si leur murmure vain parvient à ton oreille,

„ Contre ces malheureux ta rage fe reveille,

„ Et du fein des plaifirs infultant à leur fort,

„ Ta voix terrible éclate & porte au loin la mort.

„ Pour

„ Pour combler leur malheur, bientôt la fauffe gloire

„ Te montre des lauriers & t'offre la victoire;

„ Impatient, tu veux moiffonner de tes mains

„ Ces palmes des guerriers, les fléaux des humains.

„ Les fameux conquérans qui dévaftent la terre

„ Sont donnés par le ciel au défaut du tonnere.

„ Mais on voit dans tes yeux s'allumer la fureur,

„ Et tu brûles déja d'exercer ta valeur:

„ Tu fais naître à l'inftant une injufte querelle,

„ Tu voles: à ta voix la victoire fidéle

„ Vient par tout feconder tes funeftes deffeins.

„ Tes avides Soldats, moins guerriers qu'affaffins,

„ Pillent, renverfent tout, & dans leur brigandage,

„ Sûrs de l'impunité, rien n'arrête leur rage.

„ Tu n'as plus d'ennemis .... & tes cruels projets,

„ Font retomber ces maux fur tes propres Sujets.

„ Plus la Perfe gémit, & plus ton cœur s'enyvre,

„ Tyran, n'avois-tu pas des exemples à fuivre ?

„ Ces Monarques chéris, modéles des vertus,

B

„ Marc-Aurele, Antonin, & Trajan, & Titus.

„ Ces Maîtres des humains, pour toute politique,

„ Suivoient les mouvemens de leur ame héroïque;

„ Ils honoroient les arts, les hommes vertueux,

„ Et n'étoient fortunés qu'en faifant des heureux.

„ Tu voulois imiter dans ta fureur brutale,

„ Le facrilége Eryx, Néron, Sardanapale :

„ Tes vœux ont réuffi, tu t'es fait redouter,

„ Barbare ! tu fis plus, tu te fis détefter.

„ On ne parloit de toi qu'en frémiffant de rage.

„ Chacun enfin laffé de fon dur efclavage,

„ Hautement afpiroit à l'honneur immortel

„ D'enfoncer le couteau dans ton fein criminel.

„ Tu vas frémir : ce trait va faire ton fupplice ;

„ Ton fils, ton propre fils, de tes crimes complice,

„ Par la foif de regner, altéré de ton fang,

„ Dans les bras du fommeil vient te percer le flanc.

„ Il veut fuir : auffi-tôt tes gardes en allarmes

„ Defertent ton Palais & vont courir aux armes ;

,, Ton Meurtrier eſt pris le poignard à la main ;

,, Le peuple accourt en foule : & profitant foudain

,, De ce moment heureux que le ciel a fait naître,

,, Armé par la fureur, il égorge ce traître ;

,, Il maſſacre ta femme, & tes autres enfans,

,, Et veut éteindre en eux la race des tyrans.

,, Ils te joindront bien-tôt fous ces lugubres voutes ;

,, Leurs réproches amers, que déja tu redoutes,

,, Allumeront ta rage, & leurs vives douleurs

,, Vont mettre pour jamais le comble à tes malheurs.

,, Tes peuples maintenant, dans l'excès de leur joie,

,, Rendent graces au Ciel des biens qu'il leur renvoie.

,, Entens-tu ces clameurs, & ces heureux tranſports ?

,, Mais c'en eſt trop, cruel ! les tems font venus.... fors.

,, Miniſtres de mes Loix, entraînez ce Barbare.

,, Dans les gouffres profonds que l'Équité prépare ;

,, Inventez des tourmens inconnus dans ces lieux,

,, Allez, que de ce Monſtre on délivre mes yeux.

Elle dit : à ces mots la Vengeance attentive

Du malheureux Nadir faifit l'ombre craintive:

Elle ordonne aux Remords d'ouvrir leurs noirs cachots,

Et la met au pouvoir des Efprits infernaux.

Ils s'emparent foudain de leur pâle victime;

J'ofe fuivre leurs pas jufqu'au fond de l'abîme.

O terreur !... quel bruit fourd & quels gémiffemens !

Quels cris !.... le défefpoir, par de longs hurlemens,

Remplit de fon horreur ce noir féjour des gênes;

Des manes criminels il irrite les peines :

Ce monftre incorruptible & toujours agité

Répand fur l'avenir une trifte clarté ;

Aux Remords dévorans il doit fon origine,

Et fert avec fureur la colere divine.

Au fond de ces cachots gémiffent dans les fers

Les mortels vicieux, corrompus & pervers.

Là, je vis ces Héros qui mirent tout en cendre;

Ces fiers imitateurs de l'impie Alexandre

Reconnoiffent ici, dans leurs pleurs furperflus,

Qu'une victoire injufte eft un crime de plus.

On y voit confondus tous ces Grands de la terre

Dont l'odieux pouvoir opprimoit le vulgaire ;

Ils fe croyoient formés d'un limon plus parfait :

„ Vos yeux fe font ouverts, leur dis-je, c'en eft fait.

„ Vous frémiffez de voir que vous étiez des hommes,

„ Vains, cruels, vicieux …. autant que nous le fommes.

„ D'un chimérique nom & d'un haut rang jaloux,

„ Vous crûtes les mortels faits pour ramper fous vous ;

„ Barbares ! vous n'aviez de loix que le caprice :

„ La dure oppreffion, la fraude, l'injuftice

„ Étoient les fceaux affreux de cette autorité,

„ Et le plaifir fut feul votre Divinité.

„ Les Phrinés, les Dipfas, * avides de largeffes,

„ En vous deshonnorant abforboient vos richeffes,

„ Tandis que la Vertu coulant de triftes jours,

„ A grands cris vainement imploroit vos fecours.

„ Rien n'eft facré pour vous : nos Temples, les Cieux

„ mêmes,

* *Ovide 4. Elégie du premier Liv. des Amours.*

,, Objets de vos mépris, l'étoient de vos blafphêmes.

,, Tout étoit, felon vous, formé par le hazard;

,, Vous êtes détrompés, malheureux! mais trop tard.

,, La Vérité terrible à vos yeux s'eft montrée,

,, D'éclairs, de traits vengeurs, de Remords entourée;

,, L'inflexible, à punir ne fe laffe jamais :

Tremblez, vous leurs pareils, ou changez deformais !

    Là, dans l'immenfité d'un éffroyable gouffre,

Sont plongés dans des flots de Bithume & de Souffre,

Les fils dénaturés, les Parens inhumains,

Les Juges corrompus, les cruels Affaffins,

Les Mortels enrichis par le vol & l'ufure,

Les Sporus, * leurs amans, l'horreur de la nature ;

Les trompeufes Laïs; les obfcénes Auteurs,

De la tendre innocence infames corrupteurs.

Ici, font les Époux défunis, infidéles,

Les Rois voluptueux, & les Sujets rebelles.

Plus loin font tourmentés par leurs propres fureurs

* *Suet. Vie de Néron.*

Les pâles Envieux, les Traîtres, les Menteurs;

Les Tigres engraissés des miseres publiques,

Les Dévots imposteurs, les cruels Fanatiques.

O souvenir! ô crime ! en sortant des Autels

Ces monstres ont percé le plus grand * des mortels.

     Mais soudain m'appellant d'une voix souterraine,

Mon affreux conducteur loin de ces lieux m'entraîne,

Et d'un rapide vol m'enlevant sur les mers,

Le barbare me laisse au vaste sein des airs :

Je me sens aussi-tôt précipiter dans l'onde,

Et je vois s'écrouler les fondemens du monde.

   * *Henry le Grand.*

FRAGMENT

TIRÉ DE L'ANGLOIS,

De Prior.

DANS ces tems du Néant où regnoit le Silence,

Avant que l'Univers fût tiré de leur fein,

L'Éternel exiftoit par fa toute puiffance,

Et dans la profondeur de fon vafte deffein

L'avenir fous un point s'offroit en fa préfence.

Sa volonté forma tous les Êtres divers,

Et, dans les tems marqués par fa divine effence,

Elle créa cet Univers.

Il dit & tout fut fait . . . . l'Aftre du jour s'avance,

De son nouvel éclat il embellit les Cieux ;

 La diligente Aurore le devance,

 Et fuit bien-tôt loin de nos yeux.

Il nous quitte à son tour . . . . déja les voiles sombres

 Annoncent la tranquille nuit ;

 Un nouvel Astre nous conduit ,

Et sa douce clarté nous fait chérir les ombres.

De feux étinçelans les Cieux sont décorés . . . . .

 Mais l'Aurore va reparoître ;

 Soudain les Côteaux sont dorés ,

 La Nature semble renaître :

Des traits du plus beau jour les champs sont colorés.

L'Océan renfermé dans de justes limites

N'ose sur le Rivage étendre sa fureur ;

Les Vents sont enchaînés, leurs courses sont prescrites.

 L'Air exhale une douce odeur.

 La Terre enfante la verdure ,

Et retient dans son sein ce germe producteur

 Qui par les Loix de l'Éternel Auteur

S'accroît, fe dévéloppe , & pare la Nature.

  Les Animaux parcourent les Forêts ;

Ils volent dans les airs , ils nagent dans les ondes:

Ils rampent fur les bords des humides Marais ,

Et portent avec eux des femences fécondes

   Pour fe reproduire à jamais.

   L'Être formé d'un foible argile

Refpire, & fort des mains de la Divinité ;

Son fouffle lui tranfmet cette fubftance agile

Qui fixe fes defirs vers l'immortalité.

   L'Homme créé fouverain de la terre

   Marche d'un pas majeftueux,

Et fon front eft empreint du facré caractere

   Qui marque fon pouvoir fur eux.

   Mais quel objet frape fes yeux !

   O prodige ! une Époufe chere

  Se forme, & fort de fes flancs précieux ;

Elle approche, le voit, le chérit, le révere,.

Ils s'uniffent . . . . bien-tôt fur des peuples nombreux

Il regne moins en Roi qu'en Pere ,

Et ses enfans sont tous heureux.

Déja ces peuples se dispersent ,

Ils habitent divers climats ;

Ils promulguent des Loix, ils fondent des États,

Que de fiers Conquérans détruisent & renversent ;

La Terreur & l'Effroi suivent par tout leurs pas.

Mais le Ciel s'obscurcit ! . . . . quel funeste présage ?

Que vois-je, hélas ! . . . . sur un affreux nuage

Le Crime vole , & devance la Mort :

Ils traînent après eux le remords & la rage ,

Tous les maux à la fois vont remplir notre sort.

Bravons leurs traits, résistons à l'orage ,

Et par un généreux éffort

Mortels ! abordons le rivage ,

La vertu nous appelle & nous ouvre son port.

PLAINTES

ET

PROPHÉTIES.

ODE *

AUX NATIONS.

O lumen, obſcurum malis, quam tua obſcuritas bonis lucida eſt !

O lumiere que tu-es obſcure pour les méchans ; mais que
ton obſcurité eſt lumineuſe pour les bons !

Cieux, Terre, Mers faites ſilence ;

Courbe-toi, vaſte firmament :

Vous, qui peuplez l'eſpace immenſe,

Globes, ceſſez tout mouvement.

* *Couronnée en 1754 par l'Académie des Jeux Floraux, à Touloufe.*

A ma voix terrible, plaintive,

Nature ! soyez attentive,

Êtres vivans ! prosternez-vous :

L'Éternel m'inspire, me touche,

L'Esprit saint parle par ma bouche,

J'annonce le jour du courroux.

Tremblez... ce jour affreux approche,

Il va consommer nos malheurs;

Prévenons un juste reproche,

Par des vertus & par des pleurs.

Mais de mes sens quel feu s'empare ?....

La voûte des Cieux se sépare,

Les fastes des tems sont ouverts :

Hélas !... mon ame en est frappée....

Je vois sous la tranchante épée

Le fil qui soutient l'Univers.

Tombez.... l'Éternel va paroître;

Malheureux ! pourquoi vous cacher?

Celui qui put vous donner l'être,

Des antres peut vous arracher.

O vous ! qui braviez le Tonnere,

Philofophes, Grands de la terre,

Qu'à fes yeux vous êtes petits !

Vos difcours, vos grandeurs fuprêmes,

Vos titres & vos vains fyftêmes,

Sont pour jamais anéantis.

Eh quoi ! vous niez l'exiftence

D'un Dieu, fouverain Créateur !

Contemplez.... Voyez fa puiffance,

Les Cieux annoncent leur auteur.

Homme aveugle ! ignorant fuperbe !

Depuis le cédre jufqu'à l'herbe,

Tout marque la Divinité ;

Ah ! fi votre cœur étoit jufte,

Vous y verriez ce maître Augufte

Dans l'éclat de fa majefté.

Ces infectes & ces reptiles

Que vous écrafez fous vos pas ,

Parlez, Philofophes futiles !

Se plaignent-ils de leurs trépas ?

Contre les loix de la nature

L'homme feul fans ceffe murmure ,

Il forme des vœux indifcrets :

Sois foumis . . . . Dieu veut qu'on l'adore ,

Que , fans la fonder , on ignore

La profondeur de fes décrets.

Aux défirs de la chair en proye

Tu combles tes iniquités ;

La moleffe , la fauffe joie ,

Sont tes feules Divinités.

L'oppreffion , & l'injuftice ,

L'inhumanité , l'avarice ,

Font fans ceffe fumer l'Autel :

Sans

Sans cesse, victime sanglante,
L'innocence, foible & tremblante,
Y tombe sous le coup mortel.

Précédé du sombre Mystére,
Et voilant son horrible front,
Je vois s'avancer l'Adultére,
Que suivent la Honte & l'Affront :
Ministre de ce Temple infâme,
Il partage l'encens, la flamme,
Qu'on offre aux plus noirs attentats ;
Rois écoutez ! . . . ces sacrifices
Creusent les vastes précipices
Où s'abîmeront vos états.

Quels prodiges mon œil découvre !
Les Tems seroient-ils accomplis ?
Nations ! . . . La terre s'entrouvre. . . .
Hélas ! nos destins sont remplis.

C

Enfant & deſtructeur du crime
Un Monſtre aîlé ſort de l'abîme,
Pour dévaſter cet Univers :
Dans le Calice amer trempée,
Je vois ſa flamboyante épée,
En frappant, allumer les airs.

Les Forêts, les Villes s'embraſent,
L'Océan bouillonne, tarit,
Les Montagnes ſoudain s'écraſent,
Tout ſe conſume, tout périt.
Vainement pour fuir ces ravages,
Les humains cherchent les rivages,
L'Onde roule des flots de feux ;
Ses gouffres ſont leur ſépulture,
Et bientôt l'aride Nature
N'offre plus qu'un déſert affreux.

O terreur !... ô cris !... Je friſſonne ...
Serois-je au ténébreux ſéjour ?

La fatale Trompette fonne,

Les Éclairs feuls forment le jour :

Les Élemens, les Cieux frémiffent,

Les Tombeaux s'ouvrent & gémiffent,

Ils rendent les pâles humains . . . .

Tremblans, ils détournent la vue,

Leur Juge paroît fur la nue,

Et la Vengeance arme fes mains.

Par quel aveuglement funefte

Perfévérez-vous dans l'erreur ?

Cœurs endurcis ! . . . un inftant refte . . . .

Frémiffez d'une fainte horreur.

Pleurez, croyez-en mes allarmes,

Pleurez, & qu'un torrent de larmes,

Puiffe effacer tant de forfaits !

Gémiffez . . . . tombez dans la poudre . . .

Dieu terrible ! fufpends ta foudre,

Ou fur moi feul lance tes traits.

EPÎTRE

D'HÉLOÏSE

A

ABÉLARD,

Traduite de M. Pope.

VOICI une traduction * d'un des plus beaux morceaux de Poësie du célébre M. Pope. Ce sujet, quoiqu'usé & rebattu, devient nouveau par la façon dont il l'a traité : on y retrouve par tout le Poëte Anglois, ce feu, ces images, & ces traits qui le caractérisent.

J'avois moins prétendu faire parler Héloïse que Pope ; je pouvois puiser aux mêmes sources que cet illustre Auteur : mais je voulois tenter, sans être *froid* ni *languissant*, de rendre l'original du tableau de ce grand Poëte. Si dans cette Épître on découvroit des teintes de son coloris, & quelques traits de sa manière de peindre, mon but seroit alors rempli.

* Il y a trois éditions de cette Epître ; la premiere est de 1751 ; les deux autres sont de 1758.

ARGUMENT.

ABÉLARD & Héloïfe vivoient au dou-ziéme fiècle ; les charmes de leur figure & de leur efprit les ont rendus célébres, & l'hiftoire de leurs amours infortunés nous arrache encore des larmes. Après un enchaînement de malheurs, ils fe retirérent chacun dans un couvent, où ils con-facrérent le refte de leurs jours à la pénitence. Long-tems après cette féparation, une Lettre qu'Abélard écrivit à un de fes amis tomba entre les mains d'Héloïfe ; cet événement réveilla toute fa tendreffe, & donna lieu à ces lettres fameufes d'où l'on a tiré le Poëme fuivant. On y peint les combats de la nature & de la grace, de la paffion & de la vertu.

ÉPÎTRE

D'HÉLOÏSE

A

ABÉLARD.

Traduite de M. POPE.

Sic fatur lacrymans .... Virg. Eneïd. L. 6.

D ANS ce sombre désert, solitude tranquille,
Séjour de l'innocence, & des vertus l'asyle,
Où mon ame & mes yeux vers le Ciel élancés,
Ne peuvent nuit & jour le contempler assez,

Qui peut venir troubler ma retraite profonde ?

Loin des plaifirs bruyans & des erreurs du monde,

Quel fouvenir rallume un feu féditieux ?

Mon cœur veut-il franchir l'enceinte de ces lieux ?

Dans ce moment cruel, me connois-je moi-même ?

Hélas ! j'aime toujours... c'eft Abélard que j'aime,

La trop foible Héloïfe adore encor fes traits.

Nom redoutable & cher.. que vous m'offrez d'attraits !

Ne le prononçons point : ma voix eft confacrée

A célébrer de Dieu la Majefté facrée ;

Cachons-le dans mon cœur, qu'il y foit avec lui,

Que leurs traits confondus fe mêlent aujourd'hui.

Ne l'écris point, ma main ;.... mais ce nom plein de
charmes

Déja s'offre à mes yeux.... Effacez-le, mes larmes ;

Je les répands en vain ; mon amour me trahit,

Mon cœur diƈte toujours, & ma main obéit.

Vous, inflexibles murs, fecrets dépofitaires

Des finceres remords, des peines volontaires ;

Rochers affreux, témoins des tourmens de mon cœur;

Vous caverne profonde, où regne la terreur;

Vafes faints, devant qui nos Vierges gémiffantes

Levent des yeux éteints & des mains languiffantes;

D'offemens précieux trifte & froid monument,

Qu'entourent le filence & le recueillement,

Comme vous infenfible, à moi-même barbare,

Ces cilices, ces fers que le zéle prépare,

N'ont-ils pas mille fois, par de cruels efforts,

Sans éteindre mes feux, enfanglanté mon corps?

Dieu vainement fur moi veut avoir l'avantage,

L'homme affervir mon cœur, ou du moins le partage;

Mon amour indompté ne connoît plus de frein,

Les larmes & les tems fe fuccédent en vain.

A mes vives douleurs il n'eft point d'intervale;

A l'afpect imprévu d'une Lettre fatale

Je frémis; . . . & voyant mon nom baigné de pleurs,

Je tremblai d'y trouver quelques nouveaux malheurs;

Chaque mot m'effrayoit, me rempliffoit d'allarmes,

Je verfois, en lifant, un déluge de larmes;

Gémiffant fur l'ennui de mon trifte féjour,

Je vous voyois, tantôt efclave de l'Amour,

Tantôt vainqueur, le fuir dans ce lieu folitaire,

Où de l'auftérité la rigueur falutaire

Détruit les paffions dans nos cœurs combattus,

Et développe en eux le germe des vertus.

Peignez-moi tous les traits du fort qui vous opprime;

Nos cruels ennemis, que la fureur anime,

Ne peuvent nous ravir, malgré leurs noirs complots,

La douceur de nous plaindre & d'unir nos fanglots.

Ne me cachez donc rien, & méprifons leur haine :

Abélard auroit-il l'ame plus inhumaine ?

Lire, verfer des pleurs, & pouffer des foupirs,

Voilà mon fort, hélas ! j'y borne mes défirs.

Ce Don du Ciel, cet art de peindre la penfée,

Fait renaître l'efpoir dans mon ame oppreffée ;

Par fon fecours divin, les Amans malheureux

Se parlent, quoiqu'abfens, & nourriffent leurs feux.

Ce Confident chéri les foutient, les confole,

Et porte leurs foupirs de l'un à l'autre pôle ;

Par lui, la jeune Amante, exprimant fes regrets,

Découvre fans rougir fes fentimens fecrets ;

Pour peindre fon amour elle prévient l'Aurore,

Et dévoile fon cœur à l'Amant qu'elle adore.

Vous fçavez, Abélard, avec quelle candeur

Je répondis d'abord à votre tendre ardeur,

Lorfque fous l'amitié l'amour cachant fa flamme,

Me perça de fes traits & captiva mon ame ;

Sous ce voile trompeur, par des attraits puiffans,

Vous portâtes le trouble & le feu dans mes fens ;

Mon cœur vous comparoit aux fublimes effences,

Et vous croyoit formé de céleftes fubftances ;

Tels que des feux brillans qui décorent les Cieux,

Les rayons les plus purs s'échapoient de vos yeux.

Tantôt à votre voix, amoureufe & plaintive,

Je prêtois en filence une oreille attentive ;

Vos chants mélodieux, par des accens divers,

Portoient avec leurs fons mon ame dans les airs.

Tantôt de vos difcours l'éloquence rapide

Prouvoit avec adreffe à mon efprit timide

Qu'une vaine terreur ne doit point allarmer,

Et que fans crime enfin nos cœurs pouvoient aimer.

Un défir inconnu, principe de mes peines,

A l'inftant fe gliffa dans mes brûlantes veines ;

L'image du plaifir à mes yeux fe peignit,

De ma foible raifon le flambeau s'éteignit ;

Mais l'amour me guidant par fa clarté funefte,

Je tremblai de vous croire une effence célefte ;

Du fort des Chérubins mon cœur trop peu jaloux

N'envioit plus ce Ciel qu'il oublioit pour vous.

Avant ce jour fatal marqué pour l'hymenée,

Qui devoit décider de notre deftinée,

Nos deux cœurs fatisfaits d'un mutuel retour

Ne vouloient d'autres loix que celles de l'Amour.

Un bonheur toujours pur fuit les cœurs qu'il enchaîne ;

Mais cet Enfant des Cieux, ennemi de la gêne,

Plus leger que les vents, auffi libre que l'air,

A l'afpect des liens fuit ainfi l'éclair.

Que les biens, les honneurs fatisfaffent l'Epoufe,

Qu'elle en jouiffe enfin, je n'en fuis point jaloufe.

Honneurs, richeffes, biens, objet de mes mépris,

Fuyez, . . .j'ai mon amour: . . . qu'êtes-vous à ce prix?

Le plus puiffant des Rois viendroit m'offrir un Trône,

Je foulerois aux pieds fon Sceptre & fa Couronne;

Je ne veux pour tout bien que le cœur d'Abélard,

Et je dédaignerois l'hommage de Céfar.

O tems, ô jours heureux de l'innocence pure,

Où l'on fuivoit les loix de la fimple nature;

Les humains fortunés, guidés par les plaifirs,

Ne formoient point alors d'inutiles défirs.

De nouvelles ardeurs renaiffoient avec l'âge;

Et leurs jours s'écouloient fans le moindre nuage.

Voilà le vrai bonheur, s'il peut être certain!

D'Héloïfe autrefois tel étoit le deftin.

Quel changement, ô Ciel!.. & quelle horreur foudaine!

Que vois-je? O cruauté!...mon Amant qu'on entraîne

Reçoit le coup fatal, & nage dans son sang.

Barbares, arrêtez,...percez plutôt mon flanc;

Frappez, voilà mon sein, je m'offre pour victime,

Je mérite vos coups ...mon amour fit son crime.

Mais que dis-je, insensée, & que faisois-je alors?

La rage & la fureur, secondant mes efforts,

Eussent armé mon bras conduit par le courage,

Et sauvé mon Amant de ce cruel outrage.

Je succombe ...ô pudeur! je respecte vos loix,

La honte qui me couvre éteint ma foible voix.

　Pouvez-vous oublier cette horrible journée,

Lorsque foible victime à l'Autel entraînée,

Je fis à l'Univers mes éternels adieux,

Une source de pleurs se forma dans mes yeux.

Quand du bandeau fatal je me ceignis la tête,

Un cri triste & plaintif interrompit la fête;

Mon front pâle est couvert d'une froide sueur,

Le feu sacré n'a plus qu'une affreuse lueur;

Du Tabernacle faint les voûtes retentiffent,

La terre tremble, s'ouvre, & les tombeaux gémiffent.

J'approche en frémiffant de ce terrible Autel,

J'y prononce des vœux aux yeux de l'Éternel,

Et par un faux ferment dont vous êtes complice,

Je confomme, grand Dieu, ce cruel facrifice.

Cher Amant, puis-je encor compter fur votre foi?

Si je perds votre amour, tout eft perdu pour moi.

Venez, . . . de vos difcours la force enchantereffe

Adoucira mes maux, calmera ma trifteffe;

Venez, . . . que dans vos bras je perde ma raifon,

Que d'un ftérile amour j'avale le poifon;

Malgré votre froideur, mon ame trop frappée,

De vos embraffemens eft encore occupée.

Que dis-je, hélas! Non, non, venez plutôt des Cieux

M'applanir le chemin & deffiller mes yeux:

Combattez de mon cœur les paffions funeftes,

Rappellez mon efprit aux vérités céleftes,

Montrez un Dieu vengeur qui veut nous pardonner.

Vous-même forcez-moi de vous abandonner.

Songez que ce troupeau, ce fruit de vos prieres,

Ces enfans de vos soins, attendent vos lumieres,

Pour conduire, animer leur courage abbattu,

Et suivre les sentiers de l'austere vertu.

Lorsque par vos bienfaits on forma cet asile, *

Vous rendiez ce désert moins triste & plus tranquille;

Nous goûtions le bonheur de vivre sous vos loix,

Et tout s'embellissoit au son de votre voix.

Nos Autels ne sont point ornés par des subsides

Enlevés à la Veuve, aux Orphélins timides;

Des Avares craintifs ne nous ont point donné

L'or chéri, qu'en mourant, ils ont abandonné;

Une simplicité noble & majestueuse

Rend l'approche du Temple humble & respectueuse;

Nos dômes & nos toîts de mousse sont couverts,

Nos jardins en tous tems sont peuplés d'arbres verts;

Nous contemplons du Ciel l'éternelle harmonie,

* Le Paraclet.

Et

Et nous chantons de Dieu la puissance infinie.

Venez, ô cher Epoux, cher Frere, cher Amant,
Je gémis sous le poids de mon cruel tourment;
Laissez-vous donc fléchir par votre tendre Amante,
Venez voir votre Sœur, votre Epouse mourante;
Pour réunir ces noms, venez par notre amour,
M'arracher à jamais de ce triste séjour.
Ces chênes orgueilleux qui couvrent les montagnes,
Ces ruisseaux argentés qui baignent les campagnes,
Ces plaines, ces forêts, ces vallons, ces côteaux,
Ces grottes dont l'écho répond au bruit des eaux,
Le souffle des zéphirs agitant les feuillages,
De mille oiseaux divers les différens ramages,
Ces lointains azurés, l'immensité des Cieux,
Ces riantes beautés n'affectent plus mes yeux.
Les prés n'ont plus pour moi cette aimable verdure,
Les fontaines n'ont plus ce tendre & doux murmure;
De nos champs émaillés les plus brillantes fleurs
Ont perdu leur éclat & leurs vives couleurs.

D

Hélas ! dans ma profonde & triste solitude,

Rien ne peut dissiper ma sombre inquiétude ;

Pour calmer de mes sens le trouble & les transports,

J'erre autour des tombeaux, & je cherche les morts ;

Les feux noirs & tremblans de leurs lampes funébres.

Le silence qui regne en ces lieux de ténébres,

Les spectres effrayans, enfans de la terreur,

En augmentent encor l'épouvante & l'horreur.

    C'est ici cependant mon affreuse demeure ;

Il faut que dans ces lieux & je vive & je meure ;

Je suis donc condamnée à d'éternels ennuis,

De mes égaremens voilà les tristes fruits.

Fatale preuve, hélas ! de mon amour funeste,

Impitoyable Mort, ton secours seul me reste.

C'est ici qu'en tombant sous ses terribles coups,

Mon cœur perdra ce feu dont il brûle pour vous ;

Il attend que sans crime, ensemble répandües,

Nos cendres au tombeau se mêlent confondues.

O Ciel ! secourez-moi dans ces extrémités,

Et daignez mettre un terme à mes calamités.

Dieu suprême, on me croit votre épouse chérie ;
Je suis une coupable, indigne de la vie,
Une esclave du crime attachée aux erreurs,
Dont ce monde pervers empoisonne les cœurs.
Mais, Ciel ! quelle lumiere a passé dans mon ame ?
Est-ce un rayon divin ? Je crois sentir sa flamme.
D'où naît cette ferveur ? Me vient-elle des Cieux,
Ou des cruels transports de mes sens furieux ?
Je pleure mon Amant sans gémir de mon crime,
D'un invincible amour malheureuse victime,
J'entens les loix du Ciel que je veux accomplir,
Je connois mes devoirs, & ne peux les remplir.

Dans un cœur combattu, l'Héroïsme suprême,
Est de fuir sans retour l'aimable objet qu'il aime ;
A ce sublime effort j'aspire vainement,
Puis-je vaincre l'amour, & penser à l'Amant ?
J'adore le coupable, & déteste l'offense ;
Comment de mes remords connoître l'innocence ?...

Mon ame forme en vain le projet de vous fuir ;

Non, cher Abélard, non, . . . je ne puis vous haïr . . .

Rappellez vos vertus, & domptant la nature,

Etouffez de mes fens le coupable murmure ;

De mon funefte amour, que Dieu foit le vainqueur,

Lui feul peut occuper & vous ravir mon cœur.

Que le fort d'une Vierge excite mon envie !

Vertueufe, elle mene une tranquille vie ;

Ses vœux font exaucés, fes defirs fatisfaits,

Chaque jour eft marqué par de nouveaux bienfaits :

Son cœur pur & content jouit d'un heureux calme,

Et voit déja des Cieux la couronne & la palme.

Quand la nuit, fur fes yeux, vient femer fes pavots,

Paifible, elle fe livre aux douceurs du repos ;

Des efprits bienfaifans, par d'innocens menfonges,

Font naître & voltiger les plus aimables Songes ;

Elle entend quelquefois leur langage flatteur,

Et voit du Ciel ouvert le fpeftacle enchanteur :

De ferveur confumée . . . elle tombe, . . . elle expire ;

Son ame prend l'essor vers le céleste Empire ;
Et traçant dans les airs des sillons lumineux,
Elle vole au séjour des êtres bienheureux.

A des songes impurs mon ame, hélas ! se livre,
De leurs plaisirs trompeurs sans crainte elle s'enyvre ;
Vagabonde, elle échappe, & volant jusqu'à vous,
Elle brave du Ciel le trop juste courroux.
O Nuit ! viens déployer les voiles les plus sombres,
Sur ces crimes honteux confiés à tes ombres :
Quand de l'Astre du jour tu nous caches les traits,
L'image d'Abélard s'offre avec ses attraits.
De ce Phantôme vain je dévore les charmes,
Sa beauté me ravit & suspend mes allarmes ;
Je crois le voir, l'entendre, & ma main le poursuit,
Elle croit l'arrêter ; il se dissipe, & fuit.
Douces illusions, venez, mensonge aimable,
Paroissez à mes yeux ; vous, Phantôme adorable,
Venez remplir mon cœur de vos divins appas :
Je le revois, . . . il vole au-devant de mes pas,

Et s'élève au fommet d'une Tour menaçante
Que blanchit l'Océan dans fa rage impuiffante.
Sur ces arides bords , mille monftres divers ,
Par d'affreux hurlemens font retentir les airs ;
Ce fpéctre tout-à-coup s'élance dans la nue ;
Il m'invite à le fuivre, ... & s'échape à ma vûe :
Je m'éveille tremblante .... & les deftins cruels
Jufques fur mon repos verfent des maux réels.

    Dans les arrêts du fort, ah ! quelle différence !
Il répand fur vos jours la froide indifférence,
L'indolence du cœur, l'infenfibilité ,
Et vous fait voir mes maux avec tranquillité.
Vous les coulez, ces jours , dans une paix profonde ,
Auffi purs que les airs , auffi calmes que l'onde ,
Avant que l'Efprit-Saint fût porté fur les eaux ,
Et qu'il permît aux vents de foulever les flots.

    Cher & cruel Amant, qu'Héloïfe eft à plaindre !
Revenez, Abélard. Eh ! qu'avez-vous à craindre ?
Le flambeau de l'amour brûle-t-il pour les morts ?

Dieu ! je revois le fer, . . . je céde à mes tranſports ;

La Nature frémit, le Ciel gronde & s'enflamme.

Hélas ! vous êtes froid, . . . je ſuis toute de flamme.

Je veux vous fuir, par-tout votre image me ſuit.

Dans mon antre, aux Autels, & le jour & la nuit.

Elle occupe mon cœur, rend vaine ma priere,

Et ſe roule avec moi dans la vile pouſſiere.

Quand par le culte ſaint on invoque les Cieux,

Temple, Prêtres, flambeaux, tout s'éclipſe à mes yeux.

Lorſqu'aux pieds des Autels humblement proſternée,

Je dévoile mon ame au crime abandonnée ;

Quand je demande au Ciel ce feu toujours vainqueur,

Venez, ſi vous l'oſez, lui diſputer mon cœur ;

Venez, par vos regards, vos diſcours & vos charmes ;

Diſſiper mes remords & ſuſpendre mes larmes ;

Faites évanouir la grace & ſes effets,

Oppoſez votre amour aux céleſtes bienfaits ;

Venez, ſi vous l'oſez, ſuivi de l'Enfer même,

M'arracher de mon Dieu que j'implore & que j'aime.

. Mais non, fuyez plutôt, craignez ce Dieu jaloux.

Entre Abélard & moi, rochers, élevez-vous,

Que les plus vaftes mers à jamais nous féparent,

Que par mes pleurs, grand Dieu! mes crimes fe réparent,

J'efpere en vos bontés, je crains votre pouvoir.

Hélas! puis-je fans vous rentrer dans mon devoir?

Filles pures des Cieux, Vertus, Grace ineffable,

Lancez vos traits divins dans mon ame coupable;

Je fens déja vos feux, Efpoir . . . Foi . . . Charité . . .

Je vole fur vos pas à l'immortalité.

Voyez dans fa retraite Héloïfe éperdue,

Sur un fombre tombeau triftement étendue,

Couverte d'une haire, en proie à fes remords,

Fuyant l'éclat du jour pour vivre avec les morts.

Dans ces lieux écartés confacrés à mes veilles,

Une lugubre voix vint frapper mes oreilles;

,, Votre place eft ici, venez, ma trifte fœur,

Dit-elle, ,, & du repos éprouvez la douceur;

,, Autrefois de l'Amour comme vous la victime,

„ J'en reconnus bientôt le dangereux abîme ;

„ J'ai vaincu par mes pleurs mon penchant criminel ,

„ Et je joüis enfin du bonheur éternel.

Grand Dieu ! de mes regrets recevez les offrandes ;

Je viens : efprits heureux, préparez vos guirlandes ,

Héloïfe vous fuit au célefte féjour ,

Guidez fes pas tremblans aux Royaumes du jour ;

En vêtemens facrés , avec une foi vive ,

Soutenez, Abélard , mon ame fugitive ;

Pour expier mon crime , hélas ! je dois périr.

Vous-même , en me voyant, apprenez à mourir.

Contemplez cet objet de votre amour funefte,

La pâleur de la mort eft l'éclat qui lui refte.

Voyez-vous de ce teint les rofes s'effacèr ?

La crainte & la terreur fur mon front fe tracer ?

Ne m'abandonnez point , & fervez moi de guide :

Ranimez de mon cœur l'efpérance timide ;

Sans crime vous pouvez fur moi fixer les yeux,

Dans ces derniers momens , recevez mes adieux.

O Mort ! maître éloquent , ton affreuse lumiere
Peut seule nous prouver que nous sommes poussiere ,
Que l'homme est un néant , ses projets vanité ,
Que ton pouvoir suprême est seul réalité.

   Lorsqu'au fatal instant de cette heure imprévûe ,
Le destin offrira l'avenir à ta vûe ,
Et lorsque de tes jours s'éteindra le flambeau ,
Que la même épitaphe & le même tombeau ,
Rappellent de mes pleurs la déplorable histoire ,
Nos malheurs , nos amours , mes combats , ma victoire.

   Si de jeunes Amans , conduits par le hasard ,
Viennent voir dans ce lieu la tombe d'Abélard ,
Sur ce marbre sensible ils liront nos allarmes ;
Une douce pitié leur arrachant des larmes ,
Les fera s'écrier , embrasés de leurs feux :
,, Que notre amour , ô Ciel , ait un sort moins affreux.

   Si , pénétré des maux d'une absence cruelle ,
Quelque Poëte enfin , Amant tendre & fidelle ,
Est ainsi qu'Héloïse accablé de tourmens ;

S'il en est que l'Amour par ses enchantemens,

Par ses feintes douceurs, & par son artifice,

Ait entraîné de même au fond du précipice,

Qu'il chante mes malheurs, mes feux, mon repentir;

Mais pour les bien dépeindre, il faut les bien sentir.

Permis d'imprimer, Signé, *HEVIN*,
Lieutenant-Général de Police.